ALUNOS JUNIORES

TUDO SOBRE CÃES

CHARLOTTE THORNE

ALUNOS JUNIORES

TUDO SOBRE
CÃES
CHARLOTTE THORNE

Os cães são frequentemente chamados de melhores amigos do homem. São animais incríveis que convivem com as pessoas há muito tempo.

A domesticação dos cães remonta ao lobo cinzento. Domesticação significa que os humanos domesticaram um animal para viver conosco.

Por causa da criação seletiva, os humanos criaram todos os tipos de empregos diferentes para os cães!

No Antigo Egito, o deus Anúbis tinha cabeça de chacal, animal relacionado aos cães.

Uma famosa pintura rupestre na Europa retrata humanos antigos caçando com cães antigos.

Durante a guerra, os cães serviram como animais de guerra e ajudaram os soldados em trabalhos perigosos.

Os cães pertencem à família Canidae. A família Canidae também inclui lobos, raposas e outros cães selvagens.

Os cães podem cheirar muitas coisas porque têm 300 milhões de receptores.

A audição deles é incrível. Eles podem ouvir sons de alta frequência que nós não conseguimos.

Existem muitos cães famosos em todo o mundo.

Lassie the Rough Collie é um ícone em livros, filmes e televisão. Ela é conhecida por suas missões de resgate.

Balto, o Husky, liderou uma equipe de cães de trenó pelo Alasca em 1925. Eles entregaram um medicamento importante para humanos doentes.

Rin Tin Tin, o pastor alemão, foi um dos atores caninos mais famosos e é considerado a primeira estrela de cinema canina do mundo.

Vamos dar uma olhada nas diferentes raças de cães.

Labrador
Retrievers são
cães amigáveis.
Eles têm um
amor pela água.

Os pastores
alemães são
inteligentes e
fortes. Eles são
cães de trabalho
e possuem
características
protetoras.

Golden Retrievers são raças divertidas e populares. Eles são lindos e cheios de personalidade.

Bulldogs são enrugados e têm corpos atarracados. São cachorrinhos carinhosos.

Beagles são cães
curiosos e
usados na caça.
Eles têm orelhas
caídas.

Poodles são uma
das raças de cães
mais inteligentes
e são conhecidos
como cães
sofisticados.

Rottweilers são cães poderosos. Eles são bebês adoráveis.

Yorkshire Terriers são pequenos pacotes de energia. Eles têm casacos longos e adoram viajar de bolsa.

Boxers são cachorrinhos brincalhões. Eles têm cabeça quadrada e adoram ser ativos.

Dachshunds são cachorros-quentes longos, o que os torna únicos. Eles têm um grande espírito para um corpo pequeno!

Os Huskies Siberianos puxam trenós e são cães muito vocais e amigáveis. Eles também têm olhos azuis brilhantes.

Doberman Pinscher são cães elegantes e fortes. Eles são guardiões protetores.

Shih Tzus são
pequenos cães
de colo. Eles são
animais de
estimação muito
amigáveis.

Os Dogues
Alemães são cães
muito altos. Eles
podem ser muito
doces.

Border Collies são ágeis e inteligentes. Eles têm muita energia.

Os cães pastores de Shetland são cães ouvintes. Eles são conhecidos por sua espessa juba de pêlo.

Os chihuahuas são pequenos, mas têm corações grandes. Eles são doces quando são respeitados.

Pembroke Welsh Corgis são pequenos, mas têm orelhas grandes. Surpreendentement e, eles são cães ouvintes.

São Bernardos são conhecidos por seu trabalho de resgate. Eles são gigantes gentis.

Os pastores australianos são animais de estimação inteligentes e ágeis. Eles trabalham como cães pastores.

Pugs são fofinhos pequenos e enrugados. Eles têm uma natureza muito brincalhona, mas teimosa.

Os Malamutes do Alasca são cães de trenó e podem sobreviver em climas frios.

Os Terriers Australianos são pequenos e têm uma pelagem áspera. Eles são ótimos animais de estimação.

Basenjis têm uivos semelhantes a yodel. São cães super inteligentes e independentes.

Bichon Frisés parecem nuvens. Eles têm personalidades alegres.

Bloodhounds têm orelhas caídas e um ótimo olfato. Eles também são usados em resgates.

Boston Terriers têm casacos de smoking. Eles são cachorrinhos amigáveis.

Os Cavalier King Charles Spaniels têm as melhores personalidades e também lindos casacos.

Os Cocker Spaniels têm orelhas longas e sedosas e um ar de classe.

Mastins ingleses são cães gigantes! Eles são calmos e fofos.

Akitas são animais de estimação nobres. Eles são conhecidos por sua espessa pelagem.

Os malteses são cachorrinhos brancos e atrevidos e adoram atenção.

Os Mountain
Dogs da Birmânia
são muito
grandes, mas
muito gentis.

Pomerânias são
cachorrinhos
fofinhos. Eles têm
personalidades
ousadas.

Os Rhodesian Ridgebacks têm uma "crista" de cabelo nas costas. Eles são usados para caça.

Os Setters Irlandeses são cães elegantes e vibrantes. Elas são belezas extrovertidas.

As orelhas de Papillon parecem borboletas. Eles são fofos amigáveis.

Whippets são super rápidos e muito ágeis e gentis com seus humanos.

Shar-Peis são muito enrugados. São cães leais e protetores.

Os dálmatas são cães enérgicos e o símbolo oficial dos bombeiros.

Os cães ajudam os humanos todos os dias.

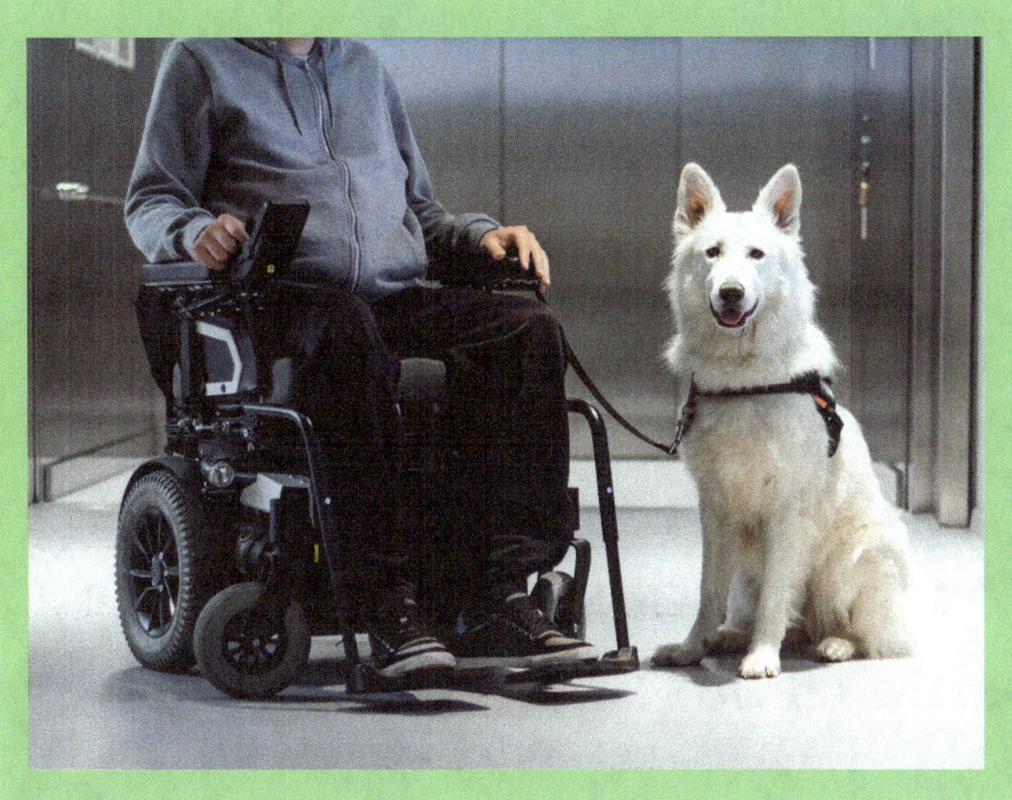

Muitos cães trabalham como animais de serviço, auxiliando pessoas com deficiência.

Cães de busca e resgate trabalham para localizar pessoas desaparecidas durante desastres.

Os cães trabalham lado a lado com a polícia. Filhotes que não passam no treinamento vão para famílias amorosas.

Cães de terapia fornecem apoio emocional a pessoas em hospitais e na segurança pública.

Os cães são uma parte importante da nossa vida cotidiana. É importante cuidar dos cães. Eles não são apenas trabalhadores esforçados, mas também membros importantes de nossas famílias!